NOTES SUR SAINT-MAIXENT

LE
« CAMPUS VOGLADENSIS »

DISSERTATION

SUR LE CHAMP DE BATAILLE DE 507

PAR

Louis LÉVESQUE

Prix : 2 Francs.

NIORT
IMPRIMERIE DE EUGÈNE ROBICHON
4, RUE YVERS, 4

Tiré à 60 exemplaires sur papier ordinaire.
— 20 — sur papier à bras.

Nº

A Monsieur Adolphe CAILLÉ

Ancien chef de bureau au Ministère de la Guerre, ancien membre du Conseil général des Deux-Sèvres, officier de la Légion-d'Honneur, membre de plusieurs Sociétés savantes, etc., etc.

Mon cher Maitre,

Vous êtes, avec plus de talent, ce que je suis : l'admirateur des gloires de notre pays natal. Je me permets donc de vous adresser — sûr que vous l'accueillerez avec l'indulgence du maître pour le travail de son élève — mon premier essai sur l'étude de notre histoire locale.

C'est une ébauche bien imparfaite ! Je m'en aperçois en la relisant. A force de courir après la clarté, on risque de tomber dans la sécheresse.

Il m'aurait fallu votre plume magique, qui seule sait orner le sujet le plus aride d'intéressantes broderies, qui seule a le don d'émouvoir et de charmer tous les cœurs poitevins.

Recevez, mon cher Monsieur Caillé, l'expression des meilleurs sentiments de votre tout dévoué serviteur et ami,

Louis LÉVESQUE.

NOTES SUR SAINT-MAIXENT

LE
« CAMPUS VOCLADENSIS »

Grégoire de Tours appelle de ce nom : « *campus Vocladensis* », l'endroit où, en l'an 507, Clovis battit les Wisigoths et tua leur roi Alaric.

Voici le texte du saint évêque de Tours (*Historia Francorum*, L. II., Chap. XXXVII) : « *Interea Clodovechus rex cum Alarico, rege Gothorum, in campo Vocladense* (1), *decimo ab urbe Pictavo milliario convenit* », que nous traduisons ainsi : « Sur ces entrefaites, le roi Clovis en vint aux mains avec Alaric, roi des Goths, dans les plaines de Voclade, au dixième milliaire à partir de Poitiers. »

Grégoire de Tours est le premier historien qui ait parlé de cette bataille. Il fut presque contemporain de l'événement, puisqu'il naquit en 539. Tous les chroniqueurs qui ont suivi n'ont fait que reproduire son récit en le dénaturant, en l'embellissant au gré de leur fantaisie.

Ce pauvre nom de Voclade a été torturé par les auteurs

---

(1) Un certain nombre d'éditions donnent « *Vogladense* » ; mais, comme dans un autre passage de son *Histoire* (L. II, chap. XLIII), Grégoire de Tours écrit le même mot ainsi : « *Vocladense* », nous avons adopté l'usage, qui d'ailleurs a prévalu, d'employer plutôt le c que le g dans l'orthographe de ce nom. On reconnaîtra plus loin les sérieux motifs qui ont guidé notre préférence.

anciens de mille et mille manières. Les uns ont écrit tantôt « *in campo Voclarensi* », puis « *Vocladise* », « *Vocladinense* », « *Vosaglinse* », « *Voglensi* », *Voglacense* », etc., etc. L'un d'eux, Hincmar, va même jusqu'à l'appeler « *Mogotense* ». Comme Poitiers est sur le Clain et que la bataille n'a pu avoir lieu bien loin de cette ville, ils se sont tous évertués à situer Voclade sur les rives du Clain, *super flucium Clinno*, sans se soucier, ainsi que l'a fait remarquer judicieusement M. Lièvre (1), auteur d'une savante dissertation de laquelle nous parlerons plus loin, *qu'on ne trouve à la distance voulue, le long du Clain, aucun endroit dont le nom se rapproche de Voclade*.

Nous laisserons de côté tous les enjolivements dont on s'est plu à orner le texte de l'évêque de Tours, pour nous en tenir aux termes mêmes de ce texte.

Pendant longtemps, on s'occupa peu de reconnaître l'emplacement du « *campus Vocladensis* » La science historique, encore dans ses langes, négligeait ces détails qu'elle considérait à tort comme puérils et peu importants. A notre tour, nous laisserons de côté, sans nous donner la peine de les relever, les dires évidemment apocryphes de certains chroniqueurs, pour arriver de suite au XVII° siècle, époque à laquelle de véritables érudits commencèrent à porter dans les épaisses ténèbres du moyen-âge le flambeau de la critique moderne.

Pour ceux qui ne sont pas suffisamment initiés à l'historique de la question et aux discussions auxquelles elle a donné lieu, nous allons en esquisser un rapide croquis.

Au XVI° et au XVII° siècle, le bruit public, issu d'une légende populaire, plaçait le lieu de la rencontre entre Clovis et Alaric à Civaux, à cause des nombreux cercueils de pierre que l'on trouve encore en immense quantité sur le sol de cette localité. Concurremment et contrairement à cette tradition, une opinion, à laquelle s'était rallié Scaliger dès le milieu du XVI° siècle, avait cours parmi les savants. D'après ceux-ci, le champ de bataille de 507 devait

(1) « *Du lieu où Clovis défit Alaric en 507*, » par A. Lièvre, p. 26.

être cherché près de Vouillé, sous le prétexte ingénieux que ce bourg avait pu s'être appelé primitivement *Vouglé* et que ce nom offre une certaine ressemblance avec *Voclade*.

Vers le milieu du XVIII° siècle, le père Rooth (1) et l'abbé Lebeuf (2), démontrèrent coup sur coup, d'abord que les cercueils de pierre de Civaux n'avaient pu servir de sépulture aux morts de 507, et de plus que le nom latin de Vouillé n'avait jamais été *Vocladum* ou tel autre approchant de Voclade, mais bien *Villiacum* et *Volleiacum*. L'abbé Lebeuf en conclut que le choc entre les belligérants a dû avoir lieu « du côté de Champagné-Saint-Hilaire. »

Cette nouvelle opinion ne fut guère adoptée et Vouillé continua de rester en possession de la faveur publique. Dufour (3), qui est un tenant de Vouillé, fait remarquer que, « les armées à cette époque, avaient forcément un train considérable de chariots à leur suite pour le transport des armes de trait, etc. et ces chariots ne pouvaient marcher à travers les champs... »; or, rien ne prouve l'existence au VI° siècle d'un chemin quelconque conduisant à Champagné.

En 1836, Vouillé fut brusquement et violemment dépossédé du poste honorifique qu'il avait usurpé. A cette époque, M. Ménard, alors professeur au lycée de Poitiers, publia, dans les *Mémoires de la Société des Antiquaires de l'Ouest* (tome II), un résumé des recherches et investigations auxquelles s'était livré Mgr de Beauregard, évêque d'Orléans, pour retrouver le champ de bataille de Clovis. Reproduisant les objections du Père Rooth et de l'abbé Lebeuf contre Vouillé, le savant prélat déclara qu'il fallait abandonner définitivement cette loca-

(1) « *Recherches sur la manière d'inhumer des Anciens, à l'occasion des Tombeaux de Civaux en Poitou* », par le R. P. B. R..., Prêtre de la Compagnie de Jésus. (A Poitiers, chez Jacques Faulcon, 1737.)

(2) « *Essai de dissertation touchant la situation du campus Vogladensis, ou de la campagne appelée* Campania Voclavensis, *dans laquelle fut donnée, en 507, la bataille entre Clovis, roi des Francs, et Alaric, roi des Goths*, » se trouve dans le 1er vol. des *Dissertations sur l'histoire ecclésiastique et civile de Paris*, publié par l'abbé Lebeuf, en 1739.

(3) « *De l'Ancien Poitou et de sa capitale, pour servir d'introduction à l'histoire de cette province* », par J. M. Dufour (Poitiers, 1826).

lité et placer Vocladc à plusieurs lieues de là, à Voulon. Nous avons lu attentivement le consciencieux résumé de M. Ménard ; nous n'y avons trouvé nul témoignage décisif en faveur des assertions de Mgr d'Orléans. Il y a beaucoup d'affirmations, pas de preuves. Il y est posé en principe que Voulon a dû s'appeler primitivement Voclade (*Vocladis*), mais sur quoi s'appuie Mgr de Beauregard pour asseoir sa conviction et justifier ses dires ? Sur ce que ces deux noms, Voulon et Voclade, ont de communes leurs deux premières lettres... Ce n'est réellement pas suffisant.

Quoi qu'il en soit, l'opinion de Mgr de Beauregard, admise sans conteste, causa une véritable révolution parmi nos savants Poitevins. La Société des Antiquaires de l'Ouest l'érigea en principe et La Fontenelle de Vaudoré, dans une curieuse dissertation sur laquelle nous reviendrons, se livre (1) à des efforts véritablement cyclopéens pour transporter, à grand renfort de citations et de déductions, à Voulon, le monastère de Saint-Maixent, où se passa, quelques instants avant la bataille, un incident miraculeux rapporté par Grégoire de Tours.

L'enthousiasme causé par la « découverte » de Mgr de Beauregard dura peu. On remarqua d'abord que Voulon est un endroit peu propre à une bataille. Ce village est situé dans un lieu encaissé, au confluent de trois rivières; de plus, il est éloigné de toute voie romaine (2). On s'est rejeté alors sur Mougon, où l'on a voulu voir le « *campus Mogotensis* », d'Hincmar. Mais, en réalité, les *plaines de Mougon* n'ont jamais existé que dans des imaginations trop éprises de nouveautés.

La question en était là et semblait dormir, lorsque, en 1873, M. l'abbé Pourtault publia, à Poitiers, une nouvelle brochure (3), dans laquelle il se prononce ouvertement en

---

(1) « *Notice sur la fondation du Monastère de Saint-Maixent* », à la suite du *Journal de Guillaume et de Michel Le Riche* (Saint-Maixent, Reversé, 1846).

(2) « On ne croit même plus que la bataille se soit livrée à Voulon. » (LIÈVRE, *Du lieu où Clovis défit Alaric*, p. 11).

(3) « *Le champ de bataille de Clovis contre Alaric est-il à Vouillé ? est-il à Voulon ?* »

faveur du pauvre Vouillé si abandonné et si critiqué. M. l'abbé Pourtault, d'accord en cela avec M. l'abbé Auber, historiographe du diocèse (1), fait observer que le nom latin de Voulon n'a jamais eu aucune analogie avec Vocladé. Dans quelques chartes, on trouve ce nom traduit par *Volum* ou par *Volon*, mais jamais par *Vocladis* ni *Vocladum*.

La thèse de l'abbé Pourtault ne pouvait rester sans réponse. La même année parut, dans les *Bulletins de la Société d'Agriculture de Poitiers*, une dissertation de M. Lièvre, intitulée : « *Du lieu où Clovis défit Alaric en 507* ».

Cette dissertation est à coup sûr la plus intéressante de toutes celles publiées sur le sujet qui nous occupe. L'auteur y fait preuve de discernement et de sagacité. M. Lièvre a assurément l'esprit de critique très développé. Les coups qu'il porte à droite sur les champions de Vouillé, à gauche sur les tenants de Voulon, sont assénés d'une main ferme et vigoureuse. Nous doutons qu'ils s'en relèvent. Il est à présent démontré, avec preuves à l'appui, qu'aucun de ces deux points ne peut prétendre à l'honneur d'avoir été témoin de l'héroïsme de Clovis et du désastre d'Alaric. La suite de la dissertation de M. Lièvre nous semble moins concluante.

M. Lièvre, convaincu qu'Alaric a dû se porter vers les troupes de Clovis (ce qui n'est pas démontré par le récit de Grégoire de Tours), en conclut que la rencontre a pu avoir lieu entre Moussais-la-Bataille, — endroit qu'on prétend aussi avoir été le théâtre de la victoire de Charles-Martel, — lequel Moussais a pu s'appeler *Mogotum*, et Vouneuil, qui a pu être autrefois dénommé *Vocladum*. Que la bataille ait été livrée entre Vouneuil et Moussais, cela se pourrait à la rigueur, bien que rien ne le prouve; mais quant à admettre l'analogie entre Vouneuil (même traduit par *Voginolium*), avec *Vocladé*, nous nous y refusons énergiquement.

Enfin, pour n'omettre aucun des auteurs qui se sont occupés de la question, il nous faut citer M. Longnon, dont la *Géographie de la Gaule au VIe siècle*, ouvrage des plus impor-

(1) « Pour moi, j'oserai dire que Voulon ne me semble pas
« une traduction bien nette du *Vogladum* indiqué par nos an-
« nalistes. » (L'abbé AUBER, *Etude sur les historiens du Poitou* (Niort, Clouzot, 1871), p. 207.)

tants, a paru, en 1878, chez Hachette. M. Longnon, qui ne paraît pas professer une grande confiance dans la sagacité des antiquaires et savants poitevins, rejette comme futiles toutes les critiques adressées à Vouillé et s'en tient à cette dernière localité, dont il torture à plaisir le nom pour en faire jaillir celui de *Voclade*.

Voilà notre revue passée. De toutes ces lectures, il nous est resté une conviction, c'est que, pas plus Vouillé que Champagné, Voulon que Mougon, Vouneuil que Moussais, n'a pu être le *Campus Vocladensis* entrevu par Grégoire de Tours. Il nous faut donc, à notre tour, nous mettre en quête d'un autre Voclade réunissant en faveur de son identité le plus de probabilités possibles. Pour ce faire, retournons au texte, notre point de départ.

Afin de bien comprendre le récit de l'historien de Tours, afin de s'en pénétrer, il est indispensable d'en commencer la lecture dès le début de ce qu'il a appelé lui-même *la guerre de Voclade* « *bellum Vocladense* ».

Pour ne pas lasser inutilement la patience du lecteur, nous allons donner au lieu du texte latin la traduction qu'en a faite M. Guizot, avec quelques légères variantes :

LIVRE II.

« CHAP. XXXV. — Alaric, roi des Goths, voyant les conquêtes continuelles que faisait Clovis, lui envoya des messagers pour lui dire : « Si mon frère y consent, j'ai dessein que nous ayons une entrevue sous les auspices de Dieu. » Clovis, y consentant, alla vers lui. S'étant joints dans une île de la Loire, située auprès du bourg d'Amboise, sur le territoire de la cité de Tours, ils conversèrent, mangèrent et burent ensemble; et, après s'être promis amitié, ils se retirèrent en paix.

« CHAP. XXXVI. — Un grand nombre des habitants des Gaules désiraient alors ardemment avoir les Francs pour maîtres.

. . . .

CHAP. XXXVII. — Or, le roi Clovis dit à ses soldats : « C'est
« avec peine que je vois ces Ariens posséder une partie des
« Gaules. Marchons avec l'aide de Dieu, et, après les avoir
« vaincus, soumettons le pays à notre domination. » Ce discours fut agréable à tous les guerriers, et l'armée se mit en marche, se dirigeant vers Poitiers, où se trouvait alors Alaric.

Comme une partie des troupes traversait le territoire de Tours, Clovis défendit par respect pour saint Martin que personne prît autre chose dans tout ce pays que des herbages. Un soldat, ayant trouvé du foin appartenant à un pauvre homme, dit : « Le roi ne nous a-t-il pas recommandé de prendre seulement de l'herbe ? Eh bien ! ceci est de l'herbe. Ce ne sera pas transgresser ses ordres que de la prendre. » Et il fit violence au pauvre pour lui enlever son foin. Ce fait parvint à la connaissance du roi qui, frappant le soldat de son épée, le tua et dit : « Où donc sera l'espoir de la victoire, si nous offensons saint Martin ? » Ce fut assez pour empêcher désormais l'armée de ne rien prendre dans ce pays. . . . .

« Lorsque Clovis fut arrivé avec son armée sur les bords de la Vienne, il ne sut en quel endroit franchir le fleuve que l'abondance des pluies avait enflé. Mais voilà que, comme il avait prié pendant la nuit le Seigneur de vouloir lui faire connaître un passage, le lendemain matin, par l'ordre de Dieu, une biche d'une grandeur extraordinaire entra dans le fleuve aux yeux de l'armée et le traversa à gué, montrant ainsi par où l'on devait passer. Quant on fut dans le voisinage de Poitiers (*apud Pictaris*), le roi vit de ses tentes, à quelque distance, un globe de feu qui, sorti de la basilique de Saint-Hilaire, lui sembla se diriger au-dessus de lui, comme pour indiquer qu'aidé de la lumière du saint confesseur Hilaire, il triompherait plus facilement de ces bandes hérétiques, contre lesquelles le saint prêtre avait souvent lui-même combattu pour la foi. Clovis interdit donc à toute l'armée de dépouiller personne ou de piller le bien de qui que ce fut dans cet endroit et dans la route (*ut nec ibi quidem aut in via aliquem exspoliarent*).

« Or, en ce temps-là, l'abbé Maixent (*Maxentius*), homme d'une grande sainteté, vivait en reclus, par la crainte de Dieu, dans son monastère, situé sur le territoire de Poitiers (*infra terminum Pictavensem*). Nous ne donnons pas au lecteur le nom de ce monastère, parce que cet endroit s'appelle encore aujourd'hui *monastère de Saint-Maixent*. (*Cujus monasterii nomen lectioni non indidimus, quia locus ille usque hodie Cellula* (1) *Sancti-Maxentii vocatur*). Les moines, voyant un corps de troupes s'avancer vers le monastère, prièrent leur abbé de sortir de sa cellule, pour les protéger. Effrayés de ce qu'il tardait, ils ouvrirent la porte et l'obligèrent à sortir. Maixent marcha courageusement au-devant de la troupe, comme pour demander la paix. Alors un soldat tira son épée pour lui trancher la tête; mais la main qu'il avait levée était déjà à la hauteur de son oreille, lorsqu'elle se raidit tout à coup et l'épée tomba en arrière. Aussitôt le soldat, se jetant aux pieds du saint homme, lui demanda pardon. A cette vue, les autres, saisis de terreur et craignant un sort identique, retournèrent à l'armée. Mais, le bienheureux confesseur, ayant touché le bras du soldat avec de l'huile bénite et fait le signe de la croix, lui

---

(1) *Cellula* n'est que le diminutif du mot *Cella* qui signifie habitation de prêtres, de religieux. « *Cellula Sancti-Maxentii* » veut donc dire : « le Monastère de Saint-Maixent ».

rendit la santé. C'est ainsi que sa protection préserva le monastère de toute violence. Il fit encore un grand nombre d'autres miracles. Si quelqu'un est curieux de s'en instruire, il les trouvera en lisant le livre de sa Vie (1).
« *Sur ces entrefaites Clovis en vint aux mains avec le roi des Goths, Alaric, dans la plaine de Voclade, au dixième milliaire à partir de Poitiers.* Ceux-ci combattirent avec le javelot, mais les Francs se jetèrent sur eux la lance à la main. Alors les Goths prirent la fuite suivant leur coutume, et la victoire, avec l'aide du Seigneur, demeura à Clovis . . . . . Clovis avait mis les Goths en fuite et tué leur roi Alaric, quand tout à coup deux soldats s'élancèrent sur lui et lui portèrent des coups de lance sur les deux côtés. Mais il échappa à la mort grâce à l'excellence de sa cuirasse et à la légèreté de son cheval. . . . . . Après la défaite, Amalaric, fils d'Alaric, s'enfuit en Espagne . . . . . Clovis passa l'hiver à Bordeaux et emporta de Toulouse tous les trésors d'Alaric. . . . . »
. . . .

Tel est *in extenso* le récit de ce que Grégoire de Tours a appelé la campagne de Voclade (*bellum Vocladense*). Les évènements s'y déroulent logiquement et leur marche est clairement indiquée. Alaric craint Clovis, dont les conquêtes et la puissance s'accroissent de jour en jour. Désireux de vivre avec lui en bonne intelligence, il lui fait demander son *amitié*, que le Franc, rusé et dissimulé, lui accorde sans hésiter, avec des protestations aussi vives que peu sincères. Mais les Goths ariens sont détestés des populations chrétiennes orthodoxes de la Gaule qui ne subissent leur joug que forcées et contraintes. Clovis connait cette situation tendue, car, depuis sa conversion, il entretient des relations suivies avec les évêques et les prêtres persécutés. Aussi, cette entrevue d'Amboise n'est-elle qu'un piège, une œuvre de rouerie et de dissimulation. Aussitôt que le moment paraît propice à Clovis, il se jette sur les Goths, sans avoir été provoqué et sans déclaration préalable. « Marchons contre eux », dit-il à ses guerriers, « battons-les et emparons-nous de ce qu'ils possèdent ». Il sentait bien que les Goths, endormis dans une confiance trompeuse, étaient pour lui une proie facile.

Clovis traverse la Touraine, en recommandant sévèrement à ses troupes la plus grande réserve vis-à-vis des habitants et

(1) Cette *Vie* ne se trouve pas dans les œuvres de saint Grégoire qui nous ont été conservées.

du clergé catholiques. Il se porte sur les bords de la Vienne, qu'il ne peut traverser sur-le-champ. Peut-être, à cet endroit du parcours, fut-il obligé de faire un détour... Toujours est-il qu'arrivé dans le voisinage de Poitiers, il était encore à une certaine distance du point où se tenait Alaric, puisqu'il interdit à ses troupes de piller le bien de qui que ce fut dans cet endroit et *dans la route*. Ce dernier membre de phrase indique qu'il avait encore un certain espace à franchir avant la rencontre décisive, car, une fois vainqueur, il n'avait pas à se gêner, ni à prendre de telles précautions dont l'unique but était de ne pas indisposer contre lui les populations.

Ses soldats ne tinrent aucun compte de ses sages prescriptions, puisque quelques-uns se détachèrent pour aller piller le monastère où résidait saint Maixent. Or, pour que cette idée ait germé dans la tête de quelques maraudeurs, il faut admettre que le gros de l'armée ne pouvait être à une énorme distance de ce monastère. C'est ce qu'ont parfaitement fait ressortir MM. de la Fontenelle de Vaudoré et Lièvre.

Ce récit du miracle accompli par saint Maixent, précisément à cause de la mention qu'il fait du passage des troupes de Clovis non loin du monastère auquel le saint abbé a donné son nom, a fortement contribué jusqu'ici à embarrasser les historiens.

Et, tout d'abord, une première interrogation se dresse. Doit-on croire à la réalité, ou même simplement à la vraisemblance du miracle?

Nous répondrons hardiment et sans hésiter : Oui.

On ne peut, à la légère, rejeter comme apocryphe une relation faite en termes aussi nets et aussi formels. A la rigueur et pour ne pas choquer ceux dont la raison se refuse à admettre l'intervention de Dieu dans les choses humaines, nous voulons bien supposer que l'imagination, ou plutôt l'idée poussée jusqu'à ses dernières limites de la puissance divine, ait pu être pour quelque chose dans les détails merveilleux dont l'évêque de Tours, et les hagiographes qui l'ont suivi, ont orné le récit du prodige. Mais ce qui n'est ni niable, ni controversable, c'est l'influence fascinatrice exercée sur les barbares, soit Francs, soit Gaulois, par les prêtres, les vieillards, ceux qu'on appelait alors les Sages, les Anciens. Qu'on se rappelle la mystérieuse terreur éprouvée par les Gaulois entrant dans Rome, à la vue des majestueux sénateurs impassibles sur leurs chaises curules ! Et, de nos jours, serait-il possible aux missionnaires, aux explorateurs, de parcourir les contrées de l'Asie et de l'Afrique au milieu des peuplades incivilisées, si ces sauvages ne leur reconnaissaient un pouvoir surnaturel, celui qu'aura toujours l'homme instruit sur l'ignorant, l'homme policé sur le barbare, la bravoure calme sur la férocité stupide ? Le nimbe, composé de fermeté, de sagesse et de courage, qui se forma au sommet de l'auguste visage du saint lorsqu'il s'avança à la rencontre de la soldatesque, suffit et au-delà pour faire retomber inerte le bras du barbare.

Cette restriction faite, pour les non-croyants, nous continuons la suite de notre discussion.

M. de La Fontenelle de Vaudoré, convaincu de l'identité de Voulon avec Voclade, s'évertue, ainsi que nous l'avons déjà dit, à transporter à Voulon le monastère de Saint-Maixent. « Non », dit-il, « un détachement de l'armée des Franks, qui « campait dans la plaine de Voclade, n'a pu se porter ainsi, « à huit lieues de là, des rives du Clain sur les bords de la « Sèvre. » Raisonnement que nous allons tourner contre lui en ces termes : le miracle ayant eu lieu à Saint-Maixent, la bataille n'a pu être livrée à Voulon. D'ailleurs, tout en faisant ses réserves, en sa qualité de protestant, sur le caractère miraculeux du prodige attribué à saint Maixent, M. de La Fontenelle en reconnaît la parfaite authenticité : « Que ce miracle », dit-il, « soit vrai ou non, toujours est-il qu'*on peut croire à l'insulte faite à saint Maixent.* »

Contrairement à l'opinion de son coreligionnaire, M. Lièvre, autre protestant, tient à mettre en doute la réalité d'un fait incontestable : « Ce prodige, si on veut qu'il ait un fon« dement historique, reste un embarras, quelque opinion « qu'on adopte au sujet de la bataille : Car *personne n'admet* « *qu'elle se soit livrée à Saint-Maixent...* » Cet argument n'est point parfait. Personne, avant M. Lièvre, n'admettait que la bataille se fut livrée à Vouneuil et à Moussais, cependant, au-

jourd'hui, M. Lièvre se fait le champion de Vouneuil et de Moussais. D'ailleurs, M. Lièvre réfute admirablement l'opinion de M. de La Fontenelle sur le transfert du monastère de Saint-Maixent à Voulon : « Ce mot de cellule (*cellula Sancti Ma-*
« *xentii*) doit, d'après M. de La Fontenelle, désigner le petit
« établissement de Voulon, et non le monastère de Saint-Mai-
« xent, qui, au temps de saint Grégoire, c'est-à-dire à la fin
« du VI⁰ siècle, devait avoir une grande importance. Ne par-
« lons pas de cette importance, qui serait d'abord à démon-
« trer, et tenons-vous à ce que dit Grégoire : *Cujus monasterii*
« *nomen lectioni non indidimus, quia locus ille usque hodiè*
« *cellula Sancti-Maxentii vocatur.* Or, il nous semble que cela
« signifie justement le contraire de ce qu'on a voulu y voir.
« L'auteur applique le nom de monastère et celui de cellule
« au même établissement, et cet établissement est celui
« qui de son temps continuait à porter le nom de Saint-
« Maixent. »

Nous ne croyons pas qu'il puisse y avoir, en effet, sur ce sujet, ni doute ni ambiguité. Le texte est précis.

Mgr de Beauregard ne conteste point l'authenticité du miracle; mais gêné lui aussi par la connexité évidente entre le lieu du miracle et celui du champ de bataille, il s'en tire en supposant que l'on « peut placer cet évènement *après la ba-*
« *taille entre Cloris et Alaric* » ; ce qui, fait remarquer judicieusement le publicateur de son Mémoire, M. Ménard, « ne
« semble pas résulter du récit des anciens. » Certes, non. Bien au contraire. Grégoire de Tours, le seul chroniqueur dans lequel nous puissions avoir une certaine confiance, place le récit du miracle avant celui de la bataille.

C'est le propre des commentateurs lancés sur une fausse piste de fournir, sans s'en douter, des armes contre eux à leurs adversaires. Mais de ce choc même d'idées contraires jaillit infailliblement la vérité. Résumons donc les opinions de nos devanciers : Mgr de Beauregard et le protestant La Fontenelle de Vaudoré sont d'accord pour admettre l'authenticité du miracle, ou tout au moins *l'insulte faite à saint Maixent.* Mais pour concilier ce fait irrécusable avec leur conviction que la bataille a eu lieu à Voulon, le premier suppose que le miracle a pu s'effectuer après la bataille; le second que saint Maixent, par un concours de circonstances fortuites, habitait alors Voulon.

M. Lièvre n'a aucune difficulté pour démontrer que, si le miracle a eu lieu, ce fut avant la bataille de Voclade et que le théâtre de l'évènement n'a pu être autre que le monastère actuel de Saint-Maixent. Mais comme ce miracle le gêne pour sa démonstration, il le repousse purement et simplement. On ne peut sans preuves à l'appui mettre en suspicion le récit d'un historien, surtout lorsque cet historien est contemporain des faits qu'il raconte. S'en tenant à ce que dit saint Grégoire, on ne saurait nier que les troupes de Clovis aient couvert la campagne dans la direction de Saint-Maixent, *avant la bataille de* 507. Voilà bien la preuve de ces *marches compliquées*, dont M. Lièvre n'a jamais aperçu la trace.

Pour compléter les points restés obscurs dans la chronique de Grégoire, on a eu l'excellente idée de recourir à une *Vie de saint Maixent*, composée en latin par un moine anonyme du VIIe siècle, vivant par conséquent à une époque assez rapprochée de l'évènement. Cette Vie de saint Maixent (1), publiée par Mabillon dans son recueil intitulé : *Acta sanctorum ordinis S. Benedicti*, et reproduite par les Bollandistes, contient les intéressants passages suivants, qui sont pour ainsi dire l'amplification du texte de Grégoire de Tours (2) :

« *Eo tempore contigit ut Franci cum Gothis conflictu bellico advenirent, præcedente eos Chlodovæo Rege. Cùm autem monasterio propinquassent, in quo S. Maxentius Pastor habebatur egregius, et venissent in villam vocabulo Vocladum, instinctu diaboli cogitare cœperunt, ut idem monasterium debellare deberent.* »

(Suit ici le récit du miracle).

« *Cùm hæc ad aures Principis pervenissent Chlodovæi accurrens ocius ipse, ad sanctum virum pervenit; seque prosternens in terram humiliter adoravit... Quem locum in quo idem Princeps venerabilis ad sancti viri jacuerat, in eodem monasterio usque ad hodiernum diem apparere manifestum est...* »

(1) « *Vita sancti Maxentii* ». C. I., apud Mabillon, sæc. 1.

(2) Nous reproduisons ici le texte donné par les Bollandistes (Acta Sanctorum, éd. Palmé : *De S. Maxentio presbytero abbate in agro Pictavensi.*)

TRADUCTION : — « En ce temps-là, il arriva que les Francs, « sous les ordres de Clovis, en vinrent à une lutte avec les « Goths... Or, comme ils (les Francs) s'étaient approchés du « monastère où habitait le saint abbé Maixent et étaient arri- « vés dans l'endroit appelé Voclade, poussés par le diable, ils « eurent l'idée de piller le monastère. . . . .

. . . .

« Lorsque le récit du miracle arriva aux oreilles de Clovis, « accourant au plus vite, il se rendit auprès du saint et, se « prosternant jusqu'à terre, il pria humblement... Ce lieu, où « le vénérable prince se jeta aux pieds du saint, on sait qu'il « est encore aujourd'hui visible dans ce monastère... »

En outre de certains détails nouveaux, le récit du chroniqueur hagiographe confirme et appuie celui de Grégoire de Tours. Ce qui n'a, d'ailleurs, rien de surprenant : ainsi qu'on l'a remarqué, Grégoire avait lui-même composé une *Vie de saint Maixent*, aujourd'hui perdue. Cette biographie était évidemment connue du moine historien du VIIe siècle, lequel même — cette hypothèse n'a rien d'inadmissible — a pu écrire d'après des notes laissées par saint Grégoire.

Nous pouvons à présent marcher sur un terrain un peu déblayé. Nous avons une *villa Vocladum*, située bien près de l'abbaye, puisque ce n'est qu'en arrivant à cette *villa* que les Francs conçurent l'idée de piller un monastère dont auparavant ils ne pouvaient soupçonner l'existence : « *Cùm monasterio propinquassent in quo S. Maxentius Pastor ha-* « *bebatur egregius, et venissent in villam vocabulo Vocladum,* « *cogitare cœperunt ut idem monasterium debellare deberent.* » De plus, Clovis ne pouvait être bien éloigné de l'endroit où ses soldats cherchaient à piller, puisqu'il s'y transporta de suite : « *Cùm hæc ad aures Principis pervenissent Chlodovæi,* « *accurrens ocius ipse, ad sanctum virum pervenit...* » Enfin, le monastère où s'accomplit le miracle est bien situé sur l'emplacement actuel de l'Abbaye de Saint-Maixent : « *Quem lo-* « *cum in quo idem Princeps venerabilis ad sancti viri jacuerat,* « *in eodem monasterio usque in hodiernum diem apparere ma-* « *nifestum est.* » Et, en effet, il n'y a pas très longtemps, on montrait cet endroit même dans l'Abbaye.

Voici ce que dit à ce sujet La Fontenelle de Vaudoré :

« Je sais que l'ancien cartulaire de Saint-Maixent, en indiquant, comme arrivé au lieu où existe actuellement la ville de

Saint-Maixent, le miracle relatif au soldat frank, ajoute qu'à l'endroit où Chludwig était venu de sa personne pour faire agréer à Maixent ses excuses, à raison de cet attentat, on avait élevé un petit oratoire, dans lequel était placé une image de la Vierge. Cet oratoire, qui se trouvait près de la porte par laquelle on entrait des cloîtres dans la sacristie, existait même encore, en 1675, et aurait été détruit depuis, ainsi que le dit le savant Mabillon, qui entre dans beaucoup de détails à ce sujet, dans ses *Acta Sanctorum*. »

M. de La Fontenelle continue :

« Mais, *s'il n'est pas douteux aujourd'hui* que la bataille de 507 s'est livrée près de Voulon, et non à Vouillé, et si, par voie de conséquence, le vainqueur des Visigoths n'a pu, ni avant, ni après la bataille de Voclade, au moment où, poursuivant les vaincus, il continua sa marche sur le midi, venir jusque vers les rives de la Sèvre du midi; *il est évident* que ces détails tombent d'eux-mêmes, comme le fait principal auquel on les avait rattachés... »

Le raisonnement de M. de La Fontenelle est exact; ce qui ne l'est pas c'est son point de départ. Non-seulement *il est plus que douteux*, mais encore il est impossible de prouver que la bataille de 507 se soit livrée près de Voulon. Dès lors que devient son argumentation ? Où nous nous rencontrons, par exemple, en parfaite communauté d'idées avec M. de La Fontenelle, c'est lorsqu'il dit en terminant sa dissertation : « Je « crois avoir démontré que ce sont deux faits inséparables (la « bataille de Voclade et le miracle de Saint-Maixent qui l'a « précédée), tant pour la question de l'unité de temps que de « l'unité de lieu. »

Nous sommes absolument de cet avis : la bataille de Voclade et le miracle de saint Maixent sont deux faits qui se rattachent l'un à l'autre de la façon la plus intime.

Nous avons démontré, textes en main, que le miracle eut lieu *avant la bataille*, qu'il eut pour théâtre l'emplacement où s'élève encore aujourd'hui l'Abbaye de Saint-Maixent, et que la *villa Vocladum* était située non loin du monastère. Le champ de nos investigations se trouve donc singulièrement réduit.

La tradition veut que le prédécesseur de saint Maixent, le premier abbé, Agapit ou *Agapius*, soit venu, chassé par la persécution, s'installer avec les moines qu'il dirigeait, *dans la forêt de Vauclair*.

D'après une autre variante, au contraire, ce serait Agapit, qui, attiré par la beauté et la solitude de ce lieu, alors à peu près inhabité, lui aurait donné ce nom de Vauclair.

Examinons ces deux hypothèses :

Il est évidemment inadmissible que l'endroit où s'est élevé la magnifique Abbaye de Saint-Maixent ait pu primitivement, avant l'arrivée des pieux cénobites, s'appeler *Vauclair*. Ce mot poétique et euphonique a incontestablement une origine latine. (On le fait dériver de *Vallis clara*). Or, les paysans incultes et à peu près barbares de la Gaule romaine ne parlaient pas le même langage que leurs vainqueurs. Ceci est absolument démontré et il est inutile d'entrer dans de longs détails à ce sujet. Les Romains donnèrent des noms romains aux villes qu'ils fondèrent ou qu'ils embellirent et agrandirent considérablement. Quand aux bourgades sans importance, ils se contentèrent de les désigner par leurs noms gaulois auxquels ils ajoutèrent une terminaison, une désinence latine. La langue que parlait le peuple gaulois est appelée par les anciens historiens la langue courante, la langue vulgaire.

On rapporte que saint Maixent écrivit une vie de saint Vivence (*Vicentius*) en langage vulgaire, *in stylo currente*; la langue latine n'étant, ainsi que le fait remarquer Dreux du Radier, parlée et comprise que par les gens instruits et lettrés.

Vauclair ne pouvant donc avoir été l'appellation primitive, on a été contraint de supposer que ce nom avait été donné à notre contrée par Agapit lui-même.

Voici de quelle façon Dufour explique ce nouveau baptême (1) :

« Son emplacement primitif (celui du monastère de Saint-Maixent) paraît avoir été dans une forêt nommée *Saura*, et postérieurement Sèvre ou Saivre. D'après la tradition, les moines s'établirent dans la partie de cette forêt connue sous le nom de Vau-clair, *Vallis clara*, dénomination qui lui fut probablement affectée, PARCE QUE SON SOL ÉTAIT ABSOLUMENT NU. »

(1) « *Histoire du Poitou* », tome I, note XXIV.

L'idée est ingénieuse d'une forêt dont le sol est absolument nu; mais c'est précisément trop ingénieux pour être vrai et possible.

Cette désignation de *Saura* (*Sacra*) donnée à la forêt qui couvre encore une partie de notre territoire ne date que d'une époque relativement rapprochée. On la trouve au XII° siècle dans des chartes par lesquelles le roi Louis-le-Jeune et Aliénor, sa femme, font donation au monastère de Saint-Maixent de la forêt de *Sacra*.

Ainsi que le fait justement observer notre savant compatriote, M. Alfred Richard (1), « la forêt de *Sacra*, de la Sèvre, « (aujourd'hui bois de l'Hermitain et de Lépaud), était ainsi « désignée, parce qu'elle était dans toute sa longueur cotoyée « par la rivière de la Sèvre. » Cette forêt n'a porté ce nom de *Sèvre* que lorsque son étendue a été considérablement amoindrie, les moines ayant défriché une vaste partie des terrains primitivement recouverts par les bois.

Agapit n'a donc pu venir s'installer dans la forêt de *Sacra*; cette appellation n'existant pas encore.

D'autre part, nous ne voyons pas pourquoi, ni dans quel but, Agapit se serait amusé à débaptiser tout un vaste espace de terrain. On baptise une habitation que l'on construit, soit ! Et Agapit avait donné à son monastère le vocable de Saint-Saturnin, *cellula Sancti Saturnini*. Mais quelle excentrique fantaisie l'aurait poussé à enlever son nom à l'hospitalier pays qui lui donnait asile ? Et d'ailleurs, n'étant revêtu d'aucun caractère officiel, il n'avait ni le droit, ni le pouvoir de se livrer à un pareil bouleversement. Avant Agapit, il y avait peut-être peu d'habitants sur les rives de la Sèvre; à coup sûr, il y en avait. Cette existence est attestée par les nombreux monuments dits druidiques que l'on trouve en quantité dans les environs. Je me représente la stupéfaction de ces bonnes gens à l'audition d'un *arrêté* de l'abbé Agapit leur faisant *assavoir* que leur vallée va désormais s'appeler *Vallis clara*, sous prétexte que le sol en est nu.

(1) « *Remarques sur l'ouvrage intitulé : « Essai historique sur l'abbaye de Saint-Maixent* », Saint-Maixent, Reversé, 1864.

Les assertions de Dufour sont trop du domaine de l'imagination pour qu'il soit nécessaire de s'y appesantir. Une autre objection, d'ailleurs, qui a bien son prix, viendra à l'esprit de tout le monde :

Comment admettre qu'on ait laissé absolument dans l'oubli le nom primitif de notre pays, alors que l'on a gardé religieusement la souvenance des deux qui lui auraient été donnés simultanément et d'un seul coup par Agapit : celui de monastère de Saint-Saturnin (*sancti Saturnini cellula*) et celui de *Vallis clara*; l'un pour désigner l'habitation, l'autre le sol !... Et pourtant, ces deux noms, en supposant qu'il en ait porté deux à la fois, ce qui serait beaucoup pour une seule localité, il ne les aurait conservés que pendant un bien court laps de temps, puisque, déjà à l'époque de saint Grégoire, une cinquantaine d'années plus tard, il s'appelait *Saint-Maixent* (*sancti Maxentii cellula*).

En résumé, il ressort clairement : que la forêt de *Sarra* n'a jamais pu être que le reste encore subsistant des bois considérables qui, du temps d'Agapit, couvraient le territoire Saint-Maixentais; que ces bois n'ont pu être désignés par leurs rares habitants, pas plus sous le nom de *Vallis clara* que sous celui de *Sarra*, attendu que ces habitants ne parlaient pas latin ; qu'il est inadmissible que l'abbé Agapit ait pu avoir l'idée — et le pouvoir — de débaptiser tout un territoire pour lui donner un nom de fantaisie.

Le nom vrai, quel était-il ?

M. Alfred Richard a publié dernièrement (dans le tome XIII des *Mémoires de la Société de Statistique*, années 1873-1874), un curieux *Mémoire statistique sur l'élection de Saint-Maixent*, dressé en 1698 par Samuel Lévesque, licencié ès-lois.

Ce Mémoire contient le passage suivant :

« On tient que du temps du roy Clovis, un soldat ayant voulu
« frapper saint Maixent, solitaire au dit lieu, qui étoit pour
« lors une forest appelée la forêt de *Vauclès*, le bras qu'il leva
« pour cet effet demeura sec et sans mouvement, ce qui ayant
« été rapporté à ce grand prince, il se transporta avec son ar-
« mée vers ce saint, auprès duquel il implora la guérison de ce
« malheureux, qui en fut sur-le-champ, à la vue de l'armée,
« miraculeusement guéry. »

Les nombreuses publications de M. Alfred Richard brillent par le soin et l'exactitude qu'il apporte à rendre avec fidélité les documents originaux. On peut s'en rapporter à lui sur la parfaite authenticité et correction des pièces qu'il met au jour.

Mais si Samuel Lévesque, dont nous nous honorons d'être le descendant, a écrit *Vauclès* alors que de son temps la fausse étymologie *Vallis clara* était admise dans le monde lettré, il faut, à cette apparente originalité, assigner un motif quelconque. De motif nous n'en voyons pas d'autre que celui-ci : du temps de Samuel Lévesque le peuple prononçait Vauclès et non Vauclair. En effet, — M. Alfred Richard en fait la remarque, — Samuel Lévesque ne se pique pas vis-à-vis des noms propres d'une orthographe scrupuleuse ; il les écrits tels qu'il les a entendu prononcer.

Le peuple prononçait Vauclès, et ce nom nous parait bien le nom primitif, le nom véritable. De ces deux syllabes *Vo-clez* ou *Vog-lez*, il se dégage un arôme tout à fait gaulois, un parfum celtique véritablement prononcé.

Les moines, qui les premiers ont fait l'historique de l'abbaye et de ses origines, se trouvant en face de ce mot dur et archaïque *Voclès* qu'ils ne comprenaient pas, l'ont poétisé, l'ont modernisé, au gré de leur fantaisie. Alors qu'il était admis — on en est bien revenu depuis — que la langue française n'était que du latin corrompu, il fallait bien trouver aux mots gaulois une étymologie latine. Vauclès ne se prêtant pas à une transfiguration aussi radicale, on en a fait Vauclair (*Vallis clara*). Les savants travaux du regretté M. Granier de Cassagnac sur les *Origines de la langue française* ont porté un coup mortel à ces théories chères aux linguistes des siècles passés.

Pour nous, il ne peut plus y avoir de doute. Le nom primitif de notre contrée était *Voclès*, lequel, traduit en latin, donne le substantif *Vocladum* et l'adjectif *Vocladensis*.

Grégoire de Tours et l'auteur de la *Vie de saint Maixent*, en employant ces expressions, ne pouvaient avoir en vue d'autre pays que celui occupé par le monastère et ses environs. La mention, que font ces deux historiens, du miracle opéré par le saint abbé en cet endroit, vient à l'appui de notre conviction, qu'elle corrobore et dont elle fait une certitude.

Une seule objection, qui paraît importante au premier abord, peut être faite à notre thèse; c'est celle-ci : Grégoire de Tours place le *campus Vocladensis* au *dixième milliaire* de Poitiers. Or, Saint-Maixent étant à *dix grandes lieues* (1) de cette dernière ville, ces deux distances ne concordent pas : les mesures métriques au VIe siècle n'étant pas les mêmes que celles dont on s'est servi plus tard sous l'ancienne monarchie.

On n'est point trop fixé, d'ailleurs, sur la valeur exacte du *milliarum* employé par Grégoire de Tours. Les avis sont partagés. On a cru d'abord que le *milliarium* devait être pris dans le sens du mille romain. Puis, des géographes éminents, d'Anville, Walckenaër, etc., sont venus qui ont déclaré que le mot *milliarum* s'employait aussi pour désigner la lieue gauloise plus considérable en étendue que le mille romain.

M. Ménard, que nous avons déjà cité, a fait insérer dans les *Bulletins de la Société des Antiquaires de l'Ouest* (1er trimestre 1853) un savant rapport sur *l'ancienne lieue gauloise*, dont nous extrayons les passages suivants : « D'après d'Anville et « Walckenaër, le mot *milliarum* désignait des lieues dans « toutes les portions de la Gaule situées au-dessus de la ligne « tirée de Lyon à Toulouse. » M. Ménard en tire cette conclusion : « Il est *infiniment probable* que Grégoire s'est servi de la « mesure employée pendant plusieurs siècles (la lieue gau- « loise). »

De son côté, M. l'abbé Pourtault a découvert un texte portant que la rencontre entre Clovis et Alaric aurait eu lieu *ab decimo milliario lapide*. Or, on sait que les bornes routières indiquaient les lieues gauloises.

D'après une savante dissertation de M. de Saint-Ferjeux (2), il semble résulter que la lieue gauloise aurait été de 2 kilomètres et demi (2,415 mètres). Le dixième milliaire se serait alors trouvé à près de 25 kilomètres de Poitiers. Mais, faut-il bien prendre au pied de la lettre l'évaluation des distances faite par l'évêque de Tours ? M. Longnon, qui s'est livré à de savantes recherches sur ce sujet, dans sa *Géographie de la*

---

(1) 50 kilom. 400 mètres par la route nationale n° 11.

(2) (Voir les *Bulletins de la Société des Antiquaires de l'Ouest*, 4e trimestre, 1853.)

Gaule au VI° siècle, pourrait au besoin en témoigner : les indications de Grégoire de Tours sont loin d'être toujours d'accord avec la distance réelle existant entre les localités désignées. Seuls peuvent en être surpris ceux qui ne sont pas au courant des *lapsus géographiques*, plus grossiers encore, « qui « échappent journellement à nos contemporains bien mieux « outillés cependant pour le travail. »

D'autre part, nous avouons que notre prétention n'a jamais été de fixer le *campus Vocladensis* à Saint-Maixent même, mais bien dans un intervalle compris entre Saint-Maixent et Poitiers. Les plaines de Voclès partaient de Saint-Maixent, mais où s'arrêtaient-elles ?... Elles devaient être très vastes, à coup sûr, car il est inutile de faire observer que des armées considérables, comme celles de Clovis et d'Alaric, ne pouvaient manœuvrer sur un espace restreint.

Quiconque a remarqué, sur la carte d'État-Major, les magnifiques plaines qui s'étendent, entre la route nationale n° 11, de Paris à Rochefort, et l'affluent de la Sèvre qu'on appelle la rivière de Salles ou de Pamproux, et qui forment une colossale bande de terrains dont les points extrêmes seraient d'un côté Nanteuil, Soudan, La Villedieu-du-Perron, de l'autre Saint-Eanne, La Villedieu-le-Comblé, Salles et Pamproux, a dû se dire : Quel beau champ de bataille cela ferait !

C'est là, pensons-nous, dans ces plaines immenses qui vont en se déployant jusqu'à Saint-Sauvant, jusqu'à Lusignan même, que doit être cherché le *campus Vocladensis* indiqué par Grégoire.

Cette conviction n'a point surgi dans notre esprit d'une façon pour ainsi dire inopinée. L'idée en était venue à d'autres bien avant nous, que ces campagnes avaient dû être le théâtre des exploits de Clovis. Elle est et a toujours été de tradition constante et persistante chez les habitants de la contrée.

« Personne », dit M. Lièvre, « n'admet que la bataille se soit livrée près de Saint-Maixent. »

Personne !... peut-être, dans le monde savant et lettré, mais, dans le public, parmi les habitants, les campagnards, le sentiment est bien différent.

Il n'y a pas longtemps qu'il suffisait, au-dessus des coteaux de Saint-Eanne et de Nanteuil, d'interroger un paysan labourant son champ pour qu'il vous répondit : C'est là que Clovis a battu Alaric; et si vous insistiez, il vous montrait même le tombeau du roi Goth.

Un antiquaire poitevin bien connu, notre compatriote, M. Garnier, président du tribunal de Melle, en a fait par lui-même l'expérience.

En 1836, M. Garnier, visitant les trois pierres levées situées près de Nanteuil, sur le plateau de la Croisanière, eut la curiosité de questionner trois cultivateurs et de s'enquérir près d'eux de l'intention qu'ils supposaient avoir présidé à l'érection de ces monuments. Et voici quelle fut la réponse unanime de ces trois villageois, rapportée par M. le président Garnier et insérée dans le *Bulletin de la Société des Antiquaires de l'Ouest* (du 15 novembre 1836 au 1er février 1837, p. 54) :

« *Selon la croyance des villages, Clovis est venu à Saint-Maixent; il y a remporté une grande victoire*; dix mille hommes sont restés sur le champ de bataille, et les chefs de l'armée qui ont été tués sont enterrés sous les trois pierres nos 1, 2, 3. Clovis a fondé l'abbaye de Saint-Maixent qui faisait tant de bien : sa statue est placée entre les deux galeries du clocher. »

M. Garnier ne croit pas, bien entendu, à cette légende de chefs enterrés sous les pierres de Nanteuil. La pensée ne lui vient même pas de vérifier les assertions des paysans relativement à l'emplacement du champ de bataille. Avec l'idée préconçue que le choc avait eu lieu dans les plaines (qui n'existent pas) de Voulon, il reconnaît que « en 507, Clovis apparut bien un instant à Saint-Maixent »; « mais, » reprend-il, « c'était assez loin de Nanteuil que la victoire avait tressé ses couronnes. » En définitive, notre savant compatriote croit que les pierres de Nanteuil ont servi au culte druidique et que « *dans l'origine elles étaient placées dans la forêt de Vauclair...* » Nous relatons ici cette dernière phrase parce qu'elle vient à l'appui de notre opinion : que le pays de Vauclair ou Voclès s'étendait en dehors de la vallée de la Sèvre et comprenait les plaines qui la dominent.

La tradition locale est donc nettement affirmée par le témoignage peu suspect de M. Garnier : selon la croyance des

villages, *Clovis est venu à Saint-Maixent; il y a remporté une grande victoire.* Nous voici loin, on l'avouera, de l'affirmation de M. Lièvre : « Personne n'admet que la bataille se soit li-
« vrée près de Saint-Maixent. »

Ainsi, à l'appui de notre système, nous avons trois témoignages importants ; 1° le récit du miracle arrivé à Saint-Maixent; 2° l'identité entre le mot Voclès et ceux de *Vocladum* et de *Vocladensis*; 3° la tradition populaire.

Ces trois points principaux attestés et constatés suffiraient déjà presque à eux seuls pour nous éviter la peine de pousser plus loin nos investigations. En bien des circonstances, on a cru devoir déterminer l'emplacement de diverses localités disparues, à l'aide de documents bien moins précis que ceux sur lesquels nous nous appuyons. Nous voulons cependant encore démontrer qu'aucune *impossibilité physique* ne s'oppose à ce que la rencontre ait réellement eu lieu dans les plaines de Voclès *seu* Vauclair, le *campus Vocladensis* de Grégoire de Tours.

Un des principaux arguments contre Voulon, c'est l'absence de voies romaines traversant cette localité. On a fait observer avec raison que « les armées ne marchant pas à travers
« champs, le lieu où les forces d'Alaric rencontrèrent celles
« de Clovis doit être évidemment cherché non loin d'une
« grande voie (1). »

Pour arriver dans nos plaines, ce n'étaient pas les chemins qui manquaient. Deux voies romaines y conduisaient et ces deux voies se rencontraient et se croisaient précisément tout près de Saint-Maixent. La première a été ainsi décrite par Dom Fonteneau :

« Il ne suffit pas aux Romains d'avoir pourvu aux commodités de tous ces cantons du territoire des Poitevins; ils étendirent également leur attention et leurs soins sur ceux du Bas-Poitou. Il fallait une voie de traverse pour voyager commodément du côté de Niort, de Fontenay-le-Comte et des ports de mer situés sur les côtes du pays des Poitevins. Il en fallait une au-

(1) « *Géographie de la Gaule au VIe siècle* », par M. A. Longnon, p. 583.

tre qui permit de voyager avec la même commodité dans la Gâtine. Ces voies ne furent pas oubliées par les Romains. Il en reste même encore partout des traces très sensibles.

« La première commençait à la grande voie directe du *Limonum* des Poitevins au *Mediolanum* des Saintongeois, à peu de distance de la porte occidentale du *Limonum*; elle prenait ensuite sa direction par le bourg de Jazeneuil, *Zezinoyolum*, *Zizolliolum*. Ce fut la route, et sans contredit la grande route, et même la plus courte, que suivirent ceux qui, sur la fin du VIIe siècle, transportèrent le corps de saint Léger de Poitiers à Saint-Maixent (1). »

On peut juger approximativement, sur la carte de l'État-Major, de la direction que devait avoir cette voie romaine, par le tracé du chemin moderne de Poitiers à Jazeneuil. Ce chemin se sépare, à l'endroit nommé la Calaudrie, de la route nationale n° 11 de Paris à Rochefort, qu'il vient reprendre après Jazeneuil, vers La Villedieu-du-Perron. Il est, en effet, plus court et plus direct que la route construite depuis, qui passe par Lusignan.

La deuxième voie romaine partait de Rom, station située sur la route de Poitiers à Saintes, et se dirigeait vers Nantes. Cette voie a été décrite plusieurs fois, notamment par MM. Lary (2), Ch. Arnauld (3) et Lièvre (4). On peut en reconnaître les traces en suivant la direction de l'ancien chemin qui va en droite ligne du pont de la Villedieu-de-Comblé au pont de Maunay. Sur le parcours de ce chemin, certains points, au-dessous d'Exireuil, ont conservé l'ancien nom de *Chausseroy*.

(1) « *Dissertation sur les voies romaines en Poitou* », par feu dom Fonteneau, insérée dans le tome II des *Mémoires de la Société des Antiquaires de l'Ouest* (année 1836).

(2) « *Considérations sur la géographie ancienne du Poitou* », par M. Lary (*Mémoires de la Société de statistique des Deux-Sèvres*, tome XII).

(3) « *Les voies romaines dans le département des Deux-Sèvres* », par Ch. Arnault (*Mémoires de la Société de statistique des Deux-Sèvres*, 2e série, tome II).

(4) « *Notes sur Couhé et ses environs* », par A.-F. Lièvre (Poitiers, 1872.)

Le point d'intersection de ces deux voies devait être vers l'embranchement de la route de Poitiers et du chemin de Saint-Maixent à Ruffec.

Après avoir délimité et fixé la position des voies romaines dans cette partie du Poitou, il nous faut rechercher dans quel but Clovis aurait engagé son armée sur les derrières de son adversaire.

On s'est demandé avec une certaine apparence de raison comment la bataille avait pu avoir lieu au sud-ouest, alors que l'ennemi venait du nord-est.

« *Évidemment*, » dit M. Lièvre, « Alaric s'est porté à la ren-
« contre de son adversaire dans la direction de Cenon, puis-
« que c'est de ce côté qu'est le danger... » « Qu'on relise, »
ajoute M. Lièvre, « les auteurs originaux, Goths ou Francs, on
« n'y trouvera pas le moindre indice de ces *marches compli-
« quées.* »

Cet indice, nous le trouvons, nous, dans le récit du miracle de Saint-Maixent, et il est précieux, car il a frappé tous ceux qui ont lu attentivement et étudié le récit de Grégoire.

Thibaudeau fait observer que « la campagne n'offrait à Ala-
« ric aucun poste important et plus sûr que celui des envi-
« rons de Poitiers qu'il abandonnait... Son dessein était donc
« *de se retirer dans les autres pays qui lui étaient soumis...*

« Clovis », ajoute Thibaudeau, « présenta la bataille à
« Alaric, qui s'était retranché sous les murs de Poitiers, mais
« il la refusa, parce qu'il attendait un secours de troupes que
« Théodoric lui envoyait. »

Cette opinion est aussi celle de Dufour :

« ... Il me paraît incontestable que Cludwig voulant forcer
Alaric à livrer bataille, avant d'opérer sa jonction avec les Os-
trogoths que Théodoric envoyait à son secours; que Cludwig,
dis-je, après avoir passé la Vienne, manœuvra de manière à dé-
border l'armée ennemie, et la couper : ce qui le prouve, c'est
que le monarque Visigoth, en évacuant Poitiers, place nouvellement fortifiée, avait au moins un jour de marche pour opérer
sa retraite; que cependant il ne put s'éloigner que de dix milles
et se trouva forcé d'en venir aux mains : et comme l'action gé-
nérale ne s'engagea que sur les bords de la voie Romaine qui,

de Poitiers conduisait à Nantes (1), et non pas sur celle de Saintes, seul chemin que devait naturellement tenir Alaric, j'en conclus que le passage de cette dernière voie lui était fermé, et qu'il devait se trouver pressé par les Francs en tête et en queue. »

Notons encore pour mémoire la mention que fait M. de La Liborlière du passage à Saint-Maixent de Clovis, « *allant couper le chemin de Bordeaux à l'armée d'Alaric...* (2) »

Ces assertions n'ont pas, nous le reconnaissons, la même valeur qu'auraient les témoignages d'auteurs anciens, mais ces auteurs étant restés muets, il nous semble qu'à défaut d'indications plus précises, nous pouvons conclure comme l'ont fait les précédents historiens.

Ce n'est pas à treize siècles de distance que l'on peut juger sainement la conduite d'Alaric. Évidemment, dit M. Lièvre, Alaric a dû se porter à la rencontre de Clovis. Nous répondrons à M. Lièvre par l'objection même qu'il fait à ses contradicteurs : Qu'on relise les auteurs originaux Goths ou Francs, on n'y trouvera pas le moindre indice d'une marche directe d'Alaric vers Clovis. M. Lièvre cite Hugues de Verdun. Hugues de Verdun ne peut faire autorité.

En l'absence de tout document certain, irréfragable, on est obligé de s'en tenir aux hypothèses.

Alaric devait couvrir Poitiers, dit M. Saint-Hypolite (3); Alaric devait tenir bon à l'abri des murs de Poitiers, place nouvellement fortifiée, dit Dufour. Pourquoi ne le fit-il pas ? Il faut croire qu'il avait ses raisons pour cela.

Alaric ne put se porter à la rencontre de Clovis, parce qu'il n'était pas prêt. Qu'on relise le récit admirablement détaillé de Grégoire de Tours. Avec quelle duplicité le chef Franc endort la vigilance du roi Goth ! Avec quelle vigueur, avec quelle

---

(1) Dufour croit que la bataille a eu lieu à Vouillé.

(2) « *Particularité relative à l'ancienne abbaye de Saint-Maixent* », par M. de La Liborlière, ancien recteur de l'Académie de Poitiers (*Bulletins de la Société des Antiquaires de l'Ouest*, 1er trimestre, 1838-39).

(3) (*Mémoires de la Société des Antiquaires de l'Ouest*, tome XI.)

précipitation, il conduit l'attaque : « Ces Ariens nous déplaisent. Tombons dessus et emparons-nous de leurs biens. » Malgré sa défiance bien naturelle, Alaric ne s'attendait pas à ce que la lutte fut aussi soudaine. Il y avait si peu de temps que lui et Clovis s'étaient embrassés ! Puis ses soldats s'étaient endormis dans les délices Capouanes de *Limonum* et du territoire Pictavien. Ses troupes n'étaient plus ce qu'elles avaient été du temps de leurs conquêtes dans les Gaules. Elles s'étaient établies par-ci, par-là; elles étaient disséminées. Il leur avait été octroyé de petit fiefs, des métairies qu'elles cultivaient. Elles avaient réalisé l'utopie du soldat laboureur. Le temps de les réunir, le barbare Franc était aux portes de la place. Il attaquait les troupes Wisigothes avant leur complète concentration.

Tenir à Poitiers était difficile, pour ne pas dire impossible. La population gauloise, soumise, non domptée, le clergé orthodoxe, pactisaient ouvertement avec l'ennemi, qu'ils appelaient de tous leurs vœux.

Par crainte de la trahison qu'il sentait naître sous ses pas, force était donc au roi Goth d'abandonner Poitiers et de se replier vers ses possessions du sud-ouest de la Gaule.

Ce n'était pas, certes, des secours de Théodoric, roi des Goths d'Italie, qu'il attendait. Théodoric était trop loin pour qu'on pût compter sur son concours efficace. Et ce dernier eût-il voulu franchir les Alpes pour se porter au secours de son neveu, il serait arrivé trop tard et sa marche n'aurait pu exercer aucune influence sur l'issue de la lutte.

Mais Alaric n'avait pas toutes ses forces à Poitiers. Si les garnisons qu'il entretenait dans les places de Saintes, de Bordeaux, etc., eussent pu lui tendre la main, le sort de la bataille aurait été changé.

C'est bien ce que comprit Alaric. Le roi des Goths abandonna Poitiers et se reporta dans la direction du sud-ouest, avec l'intention de faire sa jonction avec les renforts qu'il attendait de Saintes et de Bordeaux.

Il eut le tort d'hésiter avant de prendre cette sage décision. Peut-être ne croyait-il pas à la possibilité d'une attaque aussi brusque, aussi subite ! D'autre part, les armées de ce temps, escortées d'une suite incommensurable de femmes, d'enfants et d'esclaves, n'étaient pas à beaucoup près aussi faciles à mouvoir, aussi *mobilisables* que celles d'à-présent. Il perdit du temps et la route de Saintes lui fut coupée.

Il lui restait un dernier espoir : suivre la voie de Poitiers à la mer, jusqu'à Saint-Maixent (Voclès), prendre là le chemin transversal de Rom, et au moyen de ce détour arriver à Saintes avant l'ennemi.

Clovis sut déjouer ces projets, en envoyant un détachement de son armée occuper fortement ce passage et s'opposer à la marche en arrière des Goths.

La retraite d'Alaric lui était définitivement coupée. Sûr à présent de tenir son ennemi comme dans une souricière, Clovis ne se pressa pas. Les armées restèrent en présence plusieurs jours, disent les anciens chroniqueurs. Puis, sur les reproches que lui faisaient ses soldats de son inaction, Alaric, qui avait jusque là conservé l'espoir de voir arriver ses renforts, se décida à attaquer. Mal lui en prit : au bout de deux heures, ses troupes étaient en pleine déroute, et lui-même, dit la légende, tué de la propre main de Clovis.

Telle est la façon dont nous envisageons la *campagne de Voclade,* qui rendit Clovis possesseur de la majeure partie de la Gaule. Elle nous paraît concorder, presque de tous points, avec le récit de Grégoire de Tours, unique base sur laquelle les historiens, sans exception, se sont appuyés.

A présent, il reste à découvrir quelles étaient au juste les bornes et limites du pays de Voclès ?... En quel endroit précis de ce *campus Vocladensis* a eu lieu le choc décisif ?... Où était située cette *villa Vocladum,* dont les traces ont absolument disparu ? (Faut-il croire qu'elle ait été détruite pendant ou après la bataille, ou admettre, ce qui serait encore infiniment probable, que l'auteur de la *Vita sancti Maxentii,* dans son amplification du récit de son prédécesseur, ait appliqué improprement l'expression *villa,* qui signifie « endroit habité », à un territoire dépourvu de maisons, « une forêt » ? Nous pencherions presque pour cette dernière hypothèse)... En un mot, quel est exactement le point où, suivant le témoignage de l'évêque Fortunat, on voyait encore, de son temps, les monticules formés par l'amoncellement des cadavres des soldats tués dans la lutte?... Voilà des questions dont, réduit à nos propres forces, nous ne pouvons prétendre donner la solution définitive.

S'il nous fallait considérer comme rigousement exacte l'évaluation à dix milles de Poitiers du *campus Vocladensis*, donnée par Grégoire de Tours, nous serions obligé de reporter nos investigations jusque sur les bords de la Vonne. Nous préférons croire à une légère erreur d'appréciation, et chercher le champ de bataille sur un point plus rapproché de la voie romaine de Rom à Nantes.

Quoi qu'il en soit, nous ne nous permettrons pas de décider en dernier ressort. Nous laisserons ce soin à d'autres plus instruits. Notre but a été plus modeste, celui d'attirer l'attention de nos compatriotes sur cet ensemble de renseignements, d'indices, qui, coordonnés, forment un faisceau de quasi-certitudes. Nous pourrons avoir le regret de nous être trompé, mais nous croyons la question assez importante et assez curieuse pour valoir la peine d'être élucidée et tirée au net.

Nous faisons donc, dans ce but, appel à nos érudits Poitevins, aux membres des Sociétés savantes de la Vienne et des Deux-Sèvres, — l'excellente *Société des Antiquaires de l'Ouest* et celle non moins méritante de *Statistique des Deux-Sèvres*, — qui comptent en leurs rangs tant d'hommes instruits et dévoués à la science. Nous nous adressons, en particulier, à M. Alfred Richard, le zélé fureteur de nos archives, le consciencieux historien de nos origines Saint-Maixentaises; à M. Lièvre, duquel, bien que nous soyons en désaccord avec lui sur certains points de détail, nous reconnaissons la parfaite sûreté de tact et de critique; au Révérend Père de La Croix, le chercheur infatigable, le patient explorateur; à tous les savants, enfin, qui sont l'honneur de notre contrée : l'illustre Dom Chamard, le pieux bénédictin de Ligugé; l'abbé Auber, l'excellent historiographe du diocèse, etc., etc...

En somme, nous croyons que des fouilles intelligemment opérées dans les plaines qui dominent le cours supérieur de la Sèvre pourraient donner lieu à d'intéressantes découvertes. Sans entrer aussi loin dans le domaine de l'imagination qu'un plaisant de nos amis, affirmant devant nous que le petit mamelon, dit *du Pied-Blanc*, situé près de la voie du chemin de fer, en face le village de Pallu (1), devait à coup sûr recouvrir les cendres d'Alaric, il est certain que cette butte vous a comme un petit air de sphynx narquois bien susceptible d'mériter la curiosité des chercheurs.

FIN.

---

(1) Il nous paraît amusant de faire remarquer, à ceux qui tiennent à un *campus Mogotensis*, la proximité de cet endroit avec La Mothe-Saint-Héray.

SOMMAIRE ANALYTIQUE

Ce qu'on entend par le « *Campus Vocladensis* ». — Grégoire de Tours est le premier historien qui ait parlé du *Campus Vocladensis*. Il était contemporain ; il mérite donc toute confiance.

Où l'on a placé le *Campus Vocladensis*. — Preuves qu'il ne doit être cherché dans aucune des localités où l'on a cru jusqu'ici le trouver, telles que : Sivaux, Vouillé, Voulon, Moussais, etc.

Marche de Clovis, d'après le récit de Grégoire de Tours. — Mention du miracle effectué par l'abbé Maixent.

Ce miracle a réellement eu lieu ; sur l'emplacement actuel de l'abbaye de Saint-Maixent ; avant la bataille. — Preuves, tirées de l'*Historia Francorum* et de la *Vita Sancti Maxentii*.

L'endroit où fut construit le monastère de Saint-Maixent, n'a pu s'appeler primitivement *Vauclair*, mais bien *Vauclès* ou *Vocles*, nom qui se traduit en latin par *Vocladum* et donne l'adjectif *Vocladensis*.

D'après la tradition, encore vivace dans le peuple, la bataille entre Clovis et Alaric a eu lieu dans les plaines qui dominent le cours supérieur de la Sèvre.

Aperçu topographique de ces contrées. — Deux voies romaines se croisaient près de Saint-Maixent. — Direction de ces voies.

Indices faisant supposer qu'Alaric a dû se replier vers le sud-ouest.

Marche d'Alaric. — Sa rencontre avec Clovis.

Conclusion.

Niort. — Imprimerie Robichon, 4, rue Yvers.

www.ingramcontent.com/pod-product-compliance
Lightning Source LLC
Chambersburg PA
CBHW061018050426
42453CB00009B/1508